Jeany de Marco

Messages...

...Botschaften für die Seele

© 2021 Jeany de Marco

Autor: Jeany de Marco   jeany.demarco@gmail.com
Umschlaggestaltung, Illustration: Jeany de Marco/Christopher Held
Lektorat, Korrektorat: Christopher Held

Verlag & Druck: tredition GmbH, Halenreie 40-44, 22359 Hamburg

ISBN:
Paperback   978-3-347-19414-4
Hardvocer   978-3-347-19415-1
e-Book   978-3-347-19416-8

Bibliografische Information der Deutschen Nationalbibliothek:
Die Deutsche Nationalbibliothek verzeichnet diese Publikation in der Deutschen Nationalbibliografie; detaillierte bibliografische Daten sind im Internet über http://dnb.d-nb.de abrufbar.

Inhaltsverzeichnis

Alles...

...Alles ist in Bewegung

Wir sind auf der Erde - gehen - und kehren wieder zurück
Alle suchen im Vergehen der Zeit ihr großes Glück
So vieles ist im Kommen und Gehen
Doch das Wichtigste ist, vor sich selbst zu bestehen
Den eigenen Weg, die eigene Richtung zu finden
Die Angst vor Neuem und der Entwicklung zu überwinden
Sich den eigenen Aufgaben zu stellen
Und den Sinn des Lebens lassen zu quellen

Jeany de Marco

Jeany de Marco

Nach einer unerwartet schwierigen Operation, bei der
Jeany de Marco kurzzeitig ihr Leben verlor, fand sie nur
sehr schwer in den Alltag, ins Dasein zurück.

Zwei Jahre lang, war sie mehr "abwesend" als anwesend
in ihrer Existenz.
Als sie dann, mit Hilfe einer Form der Selbstheilung sich wieder
zurück ins Leben kämpfte, fingen ihre Hände an zu schreiben.

Oft mitten in der Nacht verspürte sie den Drang zu schreiben.
Sie schrieb mechanisch, ohne zu wissen was sie schrieb.
Meist erst am nächsten Morgen bemerkte sie, welche
Botschaft die Zeilen schenkten.

Voll Dankbarkeit und Stolz nahm sie an was ihr gegeben.

Dank...!

Ich danke allen meinen Lieben
für die Unterstützung, die Hilfe,
die Begleitung, die Fürsorge,
den Beistand...

...und vor allem für die Liebe

Jeany de Marco

Einführung

Manchmal weiß man genau was man tun muss
...und weiß nicht warum

Manchmal hört man die Stimmen
...obwohl alles stumm

Manchmal sieht man die Dinge ganz klar
...obwohl nichts zu sehen

Manchmal erreichen uns die Botschaften
...und lassen uns unserer Wege gehen

Manchmal muss man sich einfach nur selbst trauen
...und auf die eigenen Sinne bauen

Viele sind medial veranlagt.
Doch es ist schwer den eigenen Sinnen zu trauen.
...Ich habe mich getraut und habe aufgeschrieben....!

Mal in Reimform, mal nicht
Bestimmt ist auch etwas dabei für Dich

Schlage doch einfach auf und lies die Botschaft
Vielleicht ist es genau das, was gerade jetzt zu Dir passt!

Für:

Reise

Mach eine Reise zu Dir selbst – tief in Dich hinein
Dorthin – wo Du eins bist – wo Du findest Dich allein

Wandere mit großen Schritten zu Dir
Kämpfe um Deiner selbst Willen – wie ein Stier

Um Dich, wirklich **Dich** zu leben, zu sein
Genau das musst Du entscheiden – ganz allein

Deine Natur, Dein Wesen – finde es
Deine Begabungen und Interessen – darin les

Glücklich ist, wer bei sich bleibt
Sich seinen Talenten und Fähigkeiten zuneigt

Mit und durch sie zur Erfüllung kommt
Sich in diesen eigenen Erfolgen sonnt

Lebe **Dein** Leben, nicht ein anderes
Dann wird es außergewöhnlich – ja etwas Besonderes

Gedanken

Gedanken bewegen die Welt
Gedanken bewegt man weder mit Macht noch mit Geld

Gedanken können alles verändern
Gedanken überbrücken jeden Weg, können wandern zu allen Ländern

Gedanken machen Dich zu dem, was Du bist
Gedanken zu kontrollieren, das ist die List

Die Macht der Gedanken ist übergroß
Was man denkt, fällt einem in den Schoß

Finde die Kraft, die Gedanken zu leiten
Zu leiten und mit Deinen Wünschen zu begleiten

Nimm zur Hilfe das Herz und den Geist
Um zu beeinflussen den Gedankenstrom, der kreist

*Halte die wichtigen, **für Dich** richtigen, Einfälle fest*
Schiebe zur Seite den ganzen nichtigen Rest

Prüfe und bewege die Gedanken in die eigene Richtung
Dieses rät diese Dichtung

Wer sein eigenes Denken beherrscht und überwacht
Besitzt eine große Macht

Gedanken...
Können über die Erde hinaus ranken!

*G*ehe nicht davon aus

Gehe nicht davon aus, dass jeder so denkt wie Du
Sonst findest Du nie und niemals Ruh
Wenn Du meinst, es müsste alles und jeder sich geben
wie Du denkst
Du Deine Erwartung ja auch genau in diesen Fokus lenkst
Dann bist Du enttäuscht wenn Andere sich anders verhalten
Sie aber doch nur ihr eigenes Leben verwalten
Jeder ist anders, Jeder ist individuell und eigen
Jeder hat doch seine ganz besondere Art, sich zu zeigen
Und genau das ist gut so, sonst wären wir doch alle gleich
Und es gäbe nur eine Sorte Fisch im großen Teich

Man muss nur lernen zu akzeptieren, dass jeder persönlich
Dann kann man gehen – in und mit – dem Leben versöhnlich
Sage und urteile nicht `ich kann die anderen nicht verstehen`
Jeder muss doch seine eigenen Wege gehen
Du begrenzt Dein eigenes Ich wenn Du nicht begreifst
Dass manch anderes Denken und Handeln, auf Vielfalt verweist

Du bist Du und Andere sind anders und das ist gut
Sieh es doch so und schöpfe daraus Kraft und Mut
Lerne durch Andere, entwickle Dich weiter
Sei kein Denunziant, sondern Menschenbegleiter
Ein großer Kaufladen an Erfahrungen und Möglichkeiten
wird Dir auf Erden geboten
Lass Dich dazu verleiten daraus zu lernen und auszuloten

Entdecke die Menschen, entdecke das Leben
Denn es wird Dir so vieles gegeben

Des Lebens Sonne ist die Liebe

Des Lebens Sonne ist die Liebe
Sie ist das allerschönste Geschenk, das man erhalten kann
Sie ist die allerwertvollste Gabe, die man geben kann

Die Liebe kann alles heilen
Die Liebe kann alles verzeihen
Die Liebe kann alles geben
Die Liebe kann alles verändern
Die Liebe kann alles beeinflussen
Die Liebe kann alles gut machen

Lass Dich vom Fluss der Liebe tragen
Gleite mit der Liebe

Lass Dich von Wellen und Strömungen nicht irritieren
Genieße und lebe alles was die Liebe, das Leben, für
Dich bereit hält

Wer liebt, Liebe geben und empfangen kann, ist nie alleine

Liebe geben und nehmen ist der wichtigste Kreislauf im Universum

Liebe ist das Herz der Welt!

Schau nach vorne

Schau nach vorne – nach vorne zum Horizont
Nach vorne – dort wo der Himmel sich sonnt
Lass Dein Streben positiv in die Zukunft blicken
Und somit den Träumen immer näher rücken

Finde die eigene Meinung und `brau das eigene Bier`
Nähre Dich selbst mit dem persönlichen Lebenselixier
Schön dabei den Nächsten nicht zu vergessen
Zu akzeptieren der Anderen Weg und Einstellung und deren Interessen

Gemeinsam die verschiedenen Richtungen zu gehen
Ist die Kunst dabei zu verstehen
Und dass wir einzeln und doch alle zusammen gehören
Jeder sich und das Umfeld braucht und doch den Nachbarn
nicht in seiner Entwicklung darf stören

Selig zu existieren im Einklang
Sich gegenseitig zu helfen – dann und wann
Zu unterstützen, zu halten, zu begleiten, zu lehren, zu lernen
und zu lieben
Sich untereinander in den Armen zu wiegen

Den Frieden zu pflegen
Nichts Böses zu hegen
Für die Gesamtheit da zu sein
Und zu wissen, man ist nie allein
Trotzdem das Individuum zu leben
So wird das alles zum Segen

*E*lemente

Wasser – wie gerne lasse ich mich von dir tragen, nimm dich wohlig in mich auf, genieße den Kontakt mit dir

Wind – wie gerne lasse ich mich von dir trocknen, mag deine Brise an einem heißen Tag, du sorgst für frische Luft

Feuer – wie gerne lasse ich mich von dir wärmen, sitze da und könnte dir Stunden lang zu sehen

Erde – wie gerne ich mich auf dich lege, auf dir wandere, mit meinen Händen in dir grabe

Ihr Elemente, die ihr uns schenkt so viel. Die ihr uns behütet und beschützt, die ihr uns Leben und Sein gebt
Schön euch zu wissen, schön euch zu genießen, schön euch zu sehen, schön euch zu hören, schön euch zu spüren, schön euch zu fühlen

Eure Kraft, eure Macht, eure Gewalt ihr uns manchmal zeigt
So stark, dass alles verstummt und schweigt

Ohne Euch können wir nicht existieren - wir danken für eure Dimensionen
Ihr seid gewaltig und nicht nur Illusionen

Doch vor einem Element, vor dem müsst selbst ihr euch verneigen
*Das Element **Liebe,** kann selbst euch noch Wege zeigen*

*J*eder Mensch

Jeder Mensch ist eine Eigenheit im Bestehen...
...Im Bestehen der Zeit, des Ganzen, des Allmächtigen, des Universums,
des Allen, des Ewigen

Tief empfundenes Vorwärtskommen, tief empfundenes Wollen
ist nötig um zu wachsen...
...Um zu wachsen, um sich zu entwickeln, um zu reifen
Voranzukommen im Sein, ist der Sinn und der Wunsch des Lebens

Jeder kann frei entscheiden was er selbst aus seinem Existieren, aus
seinem Begehen der Zeit machen will

Jeder hat die Wahl
Es bleibt jedem selbst überlassen, wie er sein Dasein
gestalten will
Ob er anstrebt zu lernen um sich weiter zu erschaffen, oder welche
Entfaltung er ansteuert

Egal was geschieht – egal was Du erlebst – egal welches so genannte
Schicksal Dich trifft

Du machst etwas daraus oder Du machst nichts daraus

*Einerlei wie Du Dich entscheidest – **Du** selbst bist der Verursacher und*
der Architekt Deines Seins!

Lebenslinien

*Lebenslinien – willst Du nicht auch Spuren hinterlassen von
Deinem Leben?
...Spuren, Abdrücke, Erinnerungen, Erfahrungen, Gelerntes,
Weisheiten?
Ist es nicht der Sinn – die Aufgabe – etwas zu hinterlassen?*

*Kreiere Deine "Lebensabdrücke"
Forme Deine Lebenslinien, die unverkennbar Dein eigenes
gelebtes Leben wiedergeben
Lass Dein gelebtes Erdenleben etwas Besonderes, etwas Außer-
gewöhnliches sein
Lass Dein Leben nicht einfach verstreichen
Gib ihm eine Form, einen Ausdruck, eine Spiegelung, eine Erkennung
Lass Deine Erdenzeit intensiv und mit Nachdruck gelebt sein...
...Gelebt – geformt – und geprägt sein, von Deiner Existenz!*

*Eine Münze ist nur mit genauer Prägung erkennbar
Eine Farbe ist nur klar durch ihre Reinheit
Ein Schriftstück ist nur mit verständlichem Text lesbar
Man kann nur sehen, wenn es Sichtbares gibt
Man kann nur hören, wenn es Geräusche gibt
Man kann den Weg nur finden, wenn er markiert ist*

*Hinterlasse Deine Spuren, Dein Charisma, Deine Werte,
Deine Linien
Lass Dein Leben eine großartige Erinnerung sein*

*Überlege, welchen Stempel Du Deinem Leben geben möchtest
Arbeite dafür, setze Zeichen und Male
Stricke an Deinem Andenken
Webe an Deinem Sein!*

Gänseblümchen

In unserem Garten gibt es einige Gänseblümchen. Eingebettet im Rasen, strecken sie ihre Köpfchen frech und fröhlich in die Sonne. Ich liebe diese Gänseblümchen und beim Rasenmähen passe ich auf, sie nicht umzumähen. Ich lasse sie stehen, erfreue mich gerne ihrer Anwesenheit. Auch wenn ich nicht selbst mähe, sorge ich für die Gänseblümchen. Bitte darum, sie zu verschonen, auf sie zu achten.

Achten!
Sollte man – so wie auf die Gänseblümchen – nicht auf alles achten was einem lieb ist?

Das Wichtige für mich. Denjenigen Wichtigen für mich im Leben. Ist es nicht bedeutsam darauf zu achten und zu schützen, zu respektieren, zu hegen und zu pflegen **Wer** und **Was** einem heilig ist?
Sollte man dieses nicht mit großer Sorgfalt behandeln?
Was und **Wer** ist wichtig für mich?

Ich sollte wirklich darauf aufpassen und es ehren!
Ich will doch, dass es bleibt.

Aber leider, weiß man oft erst was man hatte, wenn man es nicht mehr hat. Meist, wenn man etwas Wertvolles verloren hat, weiß man, wie wertvoll – wie kostbar es war.

Hüte Deine Gänseblümchen!

Die Zeit wird kommen

Die Zeit wird kommen, in der Du alles mit anderen Augen
siehst

Die Zeit wird kommen, in der Du die Welt auf einmal
verstehst

Die Zeit wird kommen, in der Du Deinen eigenen vergangenen
Worten und Taten nicht mehr nachfühlst

Die Zeit wird kommen, in der Du den Sinn des Lebens
suchst, ja danach wühlst

Die Uhr stellst Du selber, Du selbst bist Dein Wecker
Kannst jederzeit daran drehen, früher oder später!

Sonne, Mond und Sterne...

Sonne, Mond und Sterne
Ihr lieben, lieben Gefährten der Erde
Die Ihr uns gebt so viel Wärme, Kraft, Schönheit und Existenz

Schön, dass Ihr da seid
Schön, dass Ihr uns Möglichkeiten schenkt
Schön, dass Ihr uns begleitet

Euer Dasein formt auch unser Dasein
Euer Dasein lässt uns bestehen
Euer Dasein erfüllt uns

Gemeinsam geben wir uns ungeahnte Wege und Dimensionen
Gemeinsam schenken wir uns Leben
Gemeinsam können wir voneinander kosten und genießen

Lasst uns gegenseitig respektieren und gedeihen
Lasst uns miteinander der Zeit entgegen streben
Lasst uns im Quartett reifen und vervollkommnen

Habt Dank für Eure Gegenwart
Habt Dank für Euer Geleit
Habt Dank – wir lieben Euch

Bitte liebt auch uns
Bitte lasst uns weiter gemeinsam in Frieden kreieren,
existieren und leben
Bitte lasst uns sein, denn alleine sind wir nichts, zusammen
sind wir stark

*F*aule Eier

Manchmal passiert es, manchmal ist es so
Manchmal kriegt man den Fuß nicht auf den Boden – partout
Manchmal meint man, es ist wie verhext
Manchmal gelingt nichts, man versteht nicht – alles unsinniger Text
Manchmal ist man machtlos, nichts will gelingen und passen
Manchmal ist alles falsch, egal was man bekommt zu fassen

Manchmal muss man sich von diesen faulen Eiern trennen
Bevor sie einem noch mehr verderben, versuche sie zu erkennen
Ein neuer Anfang, ein neuer Gedanke
Kann dann erfrischen, beleben und kräftigen – an ihm dann tanke
Fülle Positives und Hoffnung in Dich hinein, schöpfe neue Energie
Und komme so wieder vorwärts, es ist wie eine Therapie

Neues kann einem so viel Auftrieb geben
Kann verwandeln das ganze Leben
Drum trau Dich auch mal Bremsendes, Festgefahrenes,
Altes abzuschütteln
Leg die faulen, alten, stinkenden Eier weg, lass das Neue
an Dir rütteln

Nicht immer ist es nötig, aber wenn – dann tue es, zögere
nicht zu lange
Lass Dich küssen von Neuem, von Anderem auf die Wange

Lass das Herz sprechen

Lass das Herz zu Dir sprechen
Wage es, aus alten Denkmustern auszubrechen

Das Herz flüstert oft mit sanfter Stimme
Höre zu und halte inne

Das Herz – es spricht die wahren Worte
Hier und da – an jedem Orte

Lerne es, auf Dein Herz zu hören
Lass Dich von ihm leiten und betören

Beherzige den Ruf Deines Herzens, lass Dich lenken
Das Herz meint es gut mit Dir, will Dich immer reich beschenken

Die Tiefe, die Wahrheit, das Einzige, das Wichtige
Kommt aus dem Herzen – und ist das Richtige

Herz oh Herz, bitte lehre mich
Dich zu fühlen, zu spüren, zu finden dich
Und dir zu folgen, ohne Wenn und Aber
Sei mein Wegweiser – mein Vorsager

Geben und Nehmen

Gib – wenn Du geben möchtest

Gib Liebe, Lob, gib Anerkennung

Gib was Du geben kannst, was hilft, was tröstet

Gib und Dir wird gegeben, das ist die Kennung

Doch vergiss nicht:

Nimm auch, wenn Dir gegeben wird

Nimm von Herzen was kommt für Dich

Nimm – Nehmen auch zum Wohle führt

Nimm – auch Du verdienst dass dir gegeben wird - fürsorglich

Und dann – in jedem Fall:

Danke *– danke für alles was Dir wird geschenkt*

Danke für jede Kleinigkeit, danke dass Du geben und nehmen darfst, danke selbst für gute Worte

Danke allen, danke der Welt, danke uneingeschränkt

Danke – denn Dank ist eine goldene Pforte!

*L*iebe ist...

Liebe ist...
Die Zelle allen Lebens
Die Faser jedes Stoffes
Das Atom aller Körper
Der Wegweiser aller Situationen
Die Ur-Materie des Alls
Die Antwort auf alles
Das Erste und das Letzte
Der Grundstein jedes Schaffens
Die Hauptschlagader von Allem
Der Himmel, die Erde, das Wasser, der Wind, das Feuer
Die Grundsubstanz
Das Gehirn des Seins
Die Seele des Allmächtigen
Das Herz des Universums
Liebe ist alles!

Liebe ist das Größte, Schwerste, Längste, Gewichtigste, Reichste, Mäch-
tigste, Allumfassendste, Weitreichendste, Meistgebendste, Profitabelste,
Befriedigendste...

Liebe ist der Anfang und hört nie auf!

Zeit...

Zeit – ist ein Kriterium der Erde
Zeit – wird in der Welt gemessen in Stunden, Minuten und
in Stärke der Pferde
Zeit – von der wir soooo viel haben
Zeit – ist auf Erden begrenzt, man kann dort nicht unendlich
davon laben

Im Universum spielt die Zeit keine Rolle
Sie ist wie ein nie aufhörender Faden einer Wolle
Die Zeit – sie fängt nie an und sie ist niemals zu Ende
Dieses Wissen, kann bringen die Wende
Nur auf Erden ist man in Zeitbahnen beschränkt
Nur auf Erden man in Monate, Jahre, usw. – denkt
Richtet den Fokus auf die Momente – die Momente, die
das Sein beeinflussen und ewig blühen
Die Begegnungen und Ereignisse, die man nie vergisst – die
immer in den Erinnerungen glühen
Augenblicke, von denen man sich nährt ein Leben lang
Die unterstützen, so dann und wann
Ein wirklich schöner Moment leuchtet für immer
Er ist wie ein unendlicher Schimmer
Selig, wer die wunderbaren Momente lebt und hütet
Diese Magie ewig brütet
Jene Augenblicke sind leuchtend eingehüllt
Dieser funkelnde Schatz immer wieder das Herz füllt
Das Vergehen der Jahre ist nichts gegen einen
wundervollen Moment
Der für immer begleitet – im Firmament

Augenblicke des Glücks zu kreieren
Wird das ewige Sein immer verzieren

*E*s ist so einfach

Es ist so einfach...
...und doch so schwer
Du denkst Du hast es verstanden...
...doch dann ist wieder alles leer

Ist es wirklich so kompliziert...
...oder machen wir es uns selbst manchmal so schwer
Sind wir oft nicht selbst unsere Plager
...von Natur aus her

Ist es nicht möglich einfach und arglos zu bestehen...
...das kann doch viel besser sein als schwer
Häufig ist schwer auch schick und angesagt...
...einfach ist doch der Mode, der Arbeit, dem Leben,
zu langweilig – oh so sehr

Jeder will besser, höher, schneller, klüger, reicher,
mächtiger, besitzender sein...
...der Druck lastet manchmal so schwer
Die Kunst ist es, eigene Wege zu gehen...
...lerne es für Dich, immer und immer mehr

Bescheidene Wege sind nicht die schlechtesten...
...einfach ist leichter, nicht so schwer
Du gibst den Ton, den Rhythmus, Deine Schritte vor...
...lass Dich nicht abbringen, von Deiner eigenen Lehr

Du – nur Du allein

Du – nur Du allein
Nur Du kannst Dein wahrer Wegweiser sein

Du – nur Du allein
Gibst den Ton an – ob laut oder fein

Du – nur Du allein
Gibst die Richtung vor, Du weist ein

Du – nur Du allein
Du weißt welchen Weg Du gehen musst,
nur Du für Dich *allein*

Die Liebe

Die Liebe ist eine wunderbare Macht
Die Liebe – sie trägt Dich wohlig warm und sacht
Die Liebe – sie ist alles was Du brauchst
Die Liebe – ist das Erste und das Letzte, was Du hauchst
Die Liebe – sie schenkt Dir Glück, Reichtum und macht Dich satt
Die Liebe allein – nur wirklich Großes schafft
Die Liebe ist das Lebenselixier für jeden: Für alt und jung, groß
und klein, arm und reich, krank und gesund, stark und schwach, für
alle – egal welcher Hautfarbe und welcher Gesinnung – sie bringt alle
und alles zusammen
Die Liebe lässt jeden entflammen

Die Liebe ist die Antwort auf alle Fragen
Die Liebe entscheidet, nur sie hat das Sagen
Die Liebe erschafft, gibt, lenkt und geleitet Dich
Sie ist immer da, schaut Dir ins Angesicht
Lerne mit der Liebe zu leben, pflege und hege sie, wende sie an
Sie gibt Dir Rückhalt, der Dich bringt im Leben voran

Mit Liebe ist alles zu verstehen, alles zu erklären, alles zu leben
Sie ist uns von ganz oben gegeben
Selbst in Deinen schwierigsten Stunden
Kann die Liebe den Weg Dir kunden
Nutze, kreiere – lebe sie
Die Liebe ist Poesie
Sie ist das mächtigste Gesetz
Zufrieden ist, wer mit der Liebe ist – sie an erste Stelle setzt

Die Glückseligkeit im Leben
Erlernt man durch: Mit und nach der Liebe streben!

Die "Geschichte"...

Die Geschichte – von der man meint, sie steht in den Sternen
Ist längst fest gelegt – vor langer Zeit – im Fernen
Doch es ist nur ein Gerüst, ein Rahmen, der steht
Jeder kann selbst entscheiden – wie es weiter geht

Die "Füllung" des Rahmens, noch ungewiss schwebt
Du gibst vor – wie Du lebst
Du selbst füllst Deine Schubladen – oder auch nicht
Du selbst – gibst dem Geschehen ein Gesicht

Das Firmament – Deine Lieben – helfen Dir dabei
Unterstützen und begleiten – egal was Du tust – einerlei
Dein himmlischer Geleitschutz ist neutral, steht Dir ohne
Beurteilung zur Seite
Das Geleit schafft Dir Möglichkeiten, lässt Dich sehen die Breite
Des Himmels Licht erweitert Deinen Horizont, um Dir Wachstum
zu ermöglichen
Lässt Dich aber immer den eigenen Weg gehen – den persönlichen

Du gibst Deinem Leben Deine Note, Deinen Stempel
Bedenke das – und nun auf: Die Ärmel hoch krempel
Arbeite, bereichere, fülle, studiere Deine Existenz
Das ist der Plan, die Weisung, die Frequenz

Und immer hast **Du** das Sagen, Deine Meinung zählt
Egal welches Ziel, welche Straße Du wählst
Du bist der Kapitän, der Steuermann an Bord
Und Dein Lebensschiff fährt mit Deiner Anweisung
weiter – fort und fort

Ist es nötig

Ist es nötig, es immer allen recht machen zu wollen?
Ist es nötig, nach der Fasson der Anderen zu leben?
Ist es nötig, die Meinung des Nachbarn anzunehmen?
Ist es nötig, im Fluss der Menge zu schwimmen?
Ist es nötig, das zu tun, was das Umfeld von mir erwartet?

Ist es nicht wunderbar, seinen eigenen Stil zu leben und den Nächsten trotzdem zu achten?

Ist es nicht ein gutes Gefühl, sich selbst nicht verdrehen zu lassen und Andere genau so zu akzeptieren wie sie sind?

Ist es nicht schön, eine eigene Meinung zu haben ohne sie Anderen aufzuzwingen oder sie zu verletzen?

Ist es nicht achtenswert, den eigenen Pfad zu gehen ohne sich Anderen in den Weg zu stellen?

Ist es nicht aufbauend, Eigenes zu schaffen ohne die Rücksicht auf Andere zu vernachlässigen?

Macht es nicht stolz, mit sich und der Welt im Reinen zu sein?

*E*igenlob

Eigenlob – so sagt man – stinkt
Doch ist es wirklich so, dass dieser Satz stimmt?
Sicher – bei einigen trifft es wohl zu
Die, die sich immer preisen – ohne Ruh

Aber es gibt so viele, die es nie benutzen
Viele tun sich meist nur selber "runterputzen"
Viele sehen nicht, was für ein wunderbarer Mensch sie sind
Was für ein ganz besonderes Menschenkind

Denen tut ein Eigenlob sehr, sehr gut
Ja Du: Trau Dich mal, hab den Mut
Zu Dir selbst zu sagen: `Ich bin stolz auf mich`
Sieh was Du bist, was für ein großes Licht

Entdecke das Besondere, das Wunderbare an und in Dir
Schau Dich an – was für eine Zier
Lobe Dich, erkenne Dich, staune was Du geschaffen
Sieh vor allem – und mal nur – die besten Sachen

Ein Eigenlob ist auch Wohltat – Du hast Deinen Wert erkannt
Und Wertschätzung des eigenen Ich, ist fruchtbares Land
Auf dem man sähen, gedeihen, wachsen und ernten kann
Sei tapfer, ehre Dich auch mal selbst – nur mal ran!

Du bist ein außergewöhnlicher Mensch mit außergewöhnlichen
Fähigkeiten
Einzigartig im Universum, in dem großen und weiten
Besonders und wertvoll – das bist Du
Gib es Dir nur selber zu!

Liebe ist die einzige Währung

Du schaust die Welt mit Deinen Augen an
Du sammelst Eindrücke, Du machst Dir Gedanken und bildest so
Deine Orientierung

Es gibt so viele verschiedene Glaubenssätze
Es gibt so viele verschiedene Manifestierungen
Es gibt so viele verschiedene Möglichkeiten, Wege, Hoffnungen,
Chancen, Gelegenheiten sich zu entwickeln und zu handeln
Es gibt so viele Richtungen, in die man gehen kann

Aber eines – eines ist für alle gleich:

Die Währung Liebe

In Liebe zu leben, in Liebe zu begreifen, in Liebe zu glauben, in Liebe
zu handeln, in Liebe zu orientieren, in Liebe zu gehen und in Liebe
anzugehen

Liebe ist die wichtige, richtige und einzige Währung die zählt

Das Leben mit der Währung Liebe zu leben ist die höchste Stufe der
Existenz

Das wahre Leben

Das wahre Leben findet wo anders statt
Wisset das und seid bedacht
Das Erdenleben ist nur ein Part
Ein Molekül in der Gegenwart
Das Dasein kreierst Du tief in Dir selbst, um Deiner Wege zu gehen
Stück für Stück, von Leben zu Leben
Um zu lehren, zu erfüllen, um am Netz zu weben
Um dem Bestehen einen weiteren Sinn zu geben

Das wahre Leben ist übergroß
Findet nicht nur statt auf der Erde bloß
Das Universum, **Du selbst**, hast das Drehbuch geschrieben
Und es gibt kein Verlieren und kein Siegen
Es kommt wie es kommt, doch Du hast immer die Wahl
Du bestimmst eigenständig – in Deinem Areal

Weise ist: Das Bestmöglichste aus allem zu machen
Lass das Feuer dazu in Dir entfachen
Um Weiterzukommen, um zu wachsen, um zu reifen
Verstehe und versuche zu begreifen
Das wahre Leben ist unendlich und besteht aus Puzzleteilen
Auch Puzzlestücke, die wir auf Erden verweilen
Füge zusammen, was zusammen gehört – arbeite emsig daran
Immer und immer wieder – und so dann und wann
Lebe für das Ganze, das Große, die Einheit
Und erlebe dabei die Freiheit
Mit Freude am Ganzen zu sticken
Und mit Begeisterung voraus zu blicken

Lebe für Deinen Plan mit Mut
Dann ist alles gut!

Demut

Demut ist die Antwort auf so viele Fragen
Demut vor allem und an allen Tagen
Demut gebietet Respekt
Legt den Grundstock für jedes Projekt

Die Demut offenbart eine gütige Sicht
Sie stellt alles in ein ganz anderes Licht
Mit Demut erweist man Achtung, sie erzeugt eine Wandlung
Und begleitet mit Ehrfurcht das Geschehen, die Handlung

Mit Hochachtung und Demut den Tag, die Zeit,
das Leben zu erleben
Kann den richtigen Rückhalt geben
Handle, spreche, höre, denke, überlege, begleite, sehe,
wisse in Demut
Vertraue darauf – habe den Mut

In Demut zu leben schenkt Dir den inneren Frieden
Lasse die Demut in Dir siegen
Erlerne sie und schwelge darin
Das gibt dem Leben einen hohen Sinn

Mit Demut ist der Boden gesät
Sie ist das Fundament, das zum Wachstum einlädt
Übe, erlerne die Demut
Du wirst sehen, wie gut das tut!

Lasst uns...

Lasst uns bewegen ohne uns einzuengen
Lasst uns Vorurteile und Mauern sprengen
Lasst uns näher zusammen rücken
Lasst uns bauen Wege und Brücken

Lasst uns sehen was der Andere sieht
Lasst uns selig sein, die Hand die gibt
Lasst uns hören, was der Andere sagt
Lasst uns die und der sein, der hinterfragt

Lasst uns diskutieren und Vorschläge machen
Lasst uns streiten, lasst uns lachen
Lasst uns die Perspektiven sehen
Lasst uns auch mal tief in uns hinein gehen

Lasst uns geben, lasst uns nehmen, lasst uns helfen
Lasst uns gegenseitig in der Mitte treffen
Lasst uns global, zeit- und raumübergreifend denken
Lasst uns die Gedanken voller Zuversicht lenken

Lasst uns schaffen Vertrauen und Mut
Lasst uns Worte finden, die uns und anderen tun gut
Lasst uns verstehen was den anderen bewegt
Lasst uns handeln in Liebe und sehen wie sich eine Hand
in die andere legt

*L*eben

Leben heißt – geboren zu werden
Leben heißt – zu lernen
Leben heißt – Erfahrungen zu sammeln

Leben heißt – zu wachsen
Leben heißt – zu verzeihen
Leben heißt – um Verzeihung zu bitten

Leben heißt – zu danken
Leben heißt – zu reifen
Leben heißt – sich zu entwickeln
Leben heißt – Entscheidungen zu treffen
Leben heißt – nicht still zu stehen

Leben heißt – sich mit und durch das Leben voran zu bringen
Leben heißt – zu sterben und weiter zu leben!

*H*eimat

Die Heimat ist Dir wohl bekannt
Die Heimat ist das Unterpfand
Für Gemütlichkeit, Wohlfühlen, Vertrautheit
Sie bürgt für Sicherheit und Klarheit

Heimat – mit vertrauten Menschen
Die Geborgenheit und Lächeln schenken
Heimat ist dort wo man geboren
Aber auch dort, wo man sich wohl fühlt, was man als
Heimat auserkoren

Und ganz tief drinnen gibt es die Urheimat
Dort wo Du herkommst und auch wieder hingehst
nach des Lebens Tat
Dies ist die ursprüngliche Heimat, nach der man sich
immer wieder sehnt
Oft auch, wenn man sich im Stillen zurücklehnt

Die Heimat, der Schoß des Ursprungs, ist immer bereit
Ist stets nah und gar nicht weit
Man kehrt zurück wie man gekommen
Und hat weitere Erfahrungen mit genommen

Geburt, Leben, Sterben sind eins
Im Kreislauf des Universums, des Seins
Sterben ist zurückkehren in das Zuhause mit weiterer Entwicklung
"Daheim" zu sein, ist eine Erquickung

Denn das Sterben ist eine Neu-Geburt in der Heimat
Nur ein Mosaikstein im Laufe der Zeit, auf Deinem Pfad
Sterben, Geburt, Leben – es ist eine Wanderschaft
Von einem Ort zum anderen, so wie des Lebens Eigenschaft

Vertraue, vertraue dem Urvertrauen
Um das Beste aus allem zu machen, um weiter am Haus zu bauen
Um Stein für Stein in die Mauer zu setzen
Und mit jeder Wabe weiter zu vernetzen

Alles zusammenzufügen zum großen Ganzen – zur Einheit
Und zu gewinnen die Seligkeit

Mensch und Menschliches

Der Mensch ist menschlich, so ist es gedacht
In Vielem und immer wieder – ach so schwach
Er lässt sich gern verführen von Macht, Geld, Gelüsten aller Art
Weiß sich in Szene zu setzen, sogar mit Stolz gepaart

Einfach gestrickt und schnell zu durchschauen
Wer kann denn wem und überhaupt noch trauen
Die Gier, nach meist total Unwichtigem, ist oft überaus groß
Was ist mit der Menschheit eigentlich los

Lernt zu achten das Wertvolle im Leben
Setzt Euch in die Stille und fühlt den wirklichen Segen
Das was zählt, könnt Ihr nicht mit den weltlichen Dingen erlangen
Was Euch erquickt, könnt Ihr nicht mit einem Netz einfangen
Nein, Ihr könnt es nur im Begreifen erlernen
Versteht und lebt es, zündet an die Laternen
Strebt nach Wissen, Weisheit und Werten
Lasst Euch inspirieren von Euren Gelehrten

Neigt Euch in Demut der andauernden Schöpfung, der ewigen Zeit
Wisset – das ganze Sein ist groß und breit
Geht in die Weite – in das Unendliche hinein fliegt
Erkennt, dass die Liebe immer über alles andere siegt

Richtet den Blickwinkel global
Lebt Euer Individuum dimensional
Führt Euch selbst an der Hand, lasst Euch bewegen
Wir sind bei Euch auf all Euren Wegen

Rettung

Du – Du willst gerettet werden?
Klagst über so viel Unheil hier für Dich auf Erden?

Retten – retten kannst aber nur Du Dich allein
Du selber musst den Weg finden, so soll es sein
Die Erlösung – die Rettung – findet bei Dir selber statt
***Du** hältst es in der Hand, **Du** wendest das Blatt*

Drum klage nicht – erlöse Dich selbst
Geh mutig voran, verlasse den Raum, in dem Du Dich selber quälst
***Du** – **Du** bist die Antwort*
***Du** – **Du** änderst die Lage mit einem Wort*

*Sage **Ja** zur Schöpfung, **Ja** zum Leben*
Das Dir so viel Freude und Glück kann geben
Lebe nach Deiner Fasson, schenke Deiner Existenz den Glanz
Um in passenden und heilenden Dingen aufzugehen - ganz

Du bestimmst in Deinem Sinn, was für Dich wohltuend
Lass die positiven Aspekte gewinnen, auch wenn sie noch tief
in Dir ruhend

Lerne die Schönheit der Gegenwart zu erkennen
Dann kannst Du Dich glücklich nennen

Mitwirken...

Ich will mitwirken...
Mitwirken am Gestalten der Zeit, am gestalten des Lebens
Ich will kreativ teilhaben am Tageswerk – am Ablauf der Zeit
Ich will erleben was geschieht
Ich will formen und entscheiden, was mir die verrinnende Zeit zuträgt
Ich will nicht nur ein Leben vorbeiziehen sehen

Ich arbeite an meinem Leben, ich kreiere meine Entwicklung
Ich will es sein, der dirigiert – der meine Richtung wählt
Ich will es sein, der meine Zukunft plant
Ich will es sein, der für mich vorausschaut

Ich will nicht nur mitschwimmen im Ablauf
Das ist mein Wunsch – ich arbeite daran
Ich arbeite an meinen eigenen Aufgaben, Zielen und Wünschen

Das – genau das – strebe ich an
Mein – wirklich mein Leben – zu leben und mitzuwirken
an meiner Reife
Das will ich tun...

Ich will meine eigene Zeitreise bewusst lenken und darauf einwirken!

Sag es weiter

Des Lebens Schule ist groß
Alles zu lernen, alles zu können, das wäre famos
Doch des Menschen Kapazität ist klein
Unmöglich für den Einzelnen – alles zu bekommen rein

Dankbar ist man für Hilfe, das zu erlernen
Was eben noch in weiten Fernen
Trag dazu bei, auch Anderen weiterzugeben
Was Du bereits gelernt im Leben

Ohne zu protzen, ohne zu glänzen, gib Deine Erfahrung weiter
Vielleicht hilft es Anderen eine Sprosse höher hinauf auf der Leiter
Auch Du bist froh wenn Du einfach nur darfst ernten
Was Andere lange Zeit schon lernten

Der Austausch bringt uns schneller voran
Sei offen für das, was kommen kann
Entscheide selbst was bedeutend ist für Dich
Und wer von Dir kann haben Wissen – für sich

Sag es weiter, wenn Du Wichtiges hast studiert
Nimm auf, wenn Lehrmaterial sich bietet – engagiert

Schmerz

Schmerz...
Er sitzt meist tief drinnen – im Herz
Tief drinnen ruht der Schmerz, der Kummer
Vertreibt einem gern den Lebenshunger

Der Schmerz lässt leiden, immer und immer wieder
Schnürt uns zu, wie ein festes Mieder
Doch lass es nicht zu, dass Dir bleibt kaum noch Luft
Du sollst doch wieder riechen der Blumen Duft

Nichts und Niemand ist geholfen
Wenn Du in Deinem Leiden verschmolzen
Befreie Dich, lockere die Schnürung
Gib dem Leben wieder Führung
Du hast Deinen eigenen Weg und darfst Dich nicht begrenzen
Lass Dich nicht nur von dem Schmerze lenken
Es ist bedeutsam, bewusst zu leben
Um der Entwicklung Nahrung zu geben

Die Zusammengehörigkeit der Seelen bleibt für immer und ewig
Wisse das und sei selig
Mit Zuversicht wird sich etwas bewegen
Es lässt Dich Heil und Zufriedenheit sehen

Lerne wieder von Herzen zu lachen
Es wird verstanden, in allen Welten, in allen Sprachen

Süßer Schlaf

Süßer Schlaf, lass mich an dir erquicken
Süßer Schlaf, lass die Uhr mal nicht ticken

Süßer Schlaf, lass mich zeitlos in dich eintauchen und versinken
Süßer Schlaf, lass mich von dir Erholung und Entspannung trinken

Süßer Schlaf, lass mich bitte in eine andere Welt mit dir wandern
Süßer Schlaf, lass mich nach lieben Seelen und Seligkeit fahnden

Süßer Schlaf, lass mich lernen, lass mich dazu gewinnen
Süßer Schlaf, lass mich erkennen, lass mich nach Wahrheit sinnen

Süßer Schlaf, bin so gern bei dir
Süßer Schlaf, sehne mich nach dir – sei bitte mein Kurier

Süßer Schlaf, bin so wahrlich tief bei dir in deinem Land
Süßer Schlaf, wo ich so viel Obhut und Ruhe fand

Süßer Schlaf, hab Dank, dass ich immer Trost bei dir find
Süßer Schlaf, lieg geborgen in deinen Armen, wie ein Kind

Und wenn ich mich bei dir erholt, wenn ich an dir getrunken
Meinen Durst und Hunger stillen konnte, in dir versunken
So geh ich gestärkt und voller Zuversicht in des Tages Trott
So habe ich die Sorgen weg geschlafen – sie sind fort

Schatztruhe

Es gibt einen Schatz, den jeder in sich trägt
Einen Schatz den man erst findet, wenn man tief in sich geht

Manch einer macht sich nicht die Mühe, ihn zu finden
Andere wollen ihn stets und dauernd verkünden

Es sind die Anlagen, die jeder individuell in sich hat
Die demjenigen verleihen so viel Geschicklichkeit und Macht

Wenn man die Kräfte erkennt und im Einklang mit ihnen lebt
Man dadurch viel leichter durchs Leben schwebt

Suche, finde und lebe die eigenen Stärken
Dann bist Du stark – das wirst Du schnell merken

Vertrödle nicht die Zeit mit Dingen, die Dir nicht liegen
Vor allem mit Deinen speziellen Fähigkeiten, kannst Du
Preise kriegen

Schau in Dich hinein, erkenne was Dir liegt, was Du kannst
Etwas, was Du vielleicht noch nicht wusstest, vielleicht noch
nicht fandst

Gepaart mit Deinen Begabungen in diesem Weltengefüge
Tust Du dir leichter, hast weniger Mühe

Mache Dich frei – konzentriere Dich auf Deine speziellen Talente
Das schenkt Dir Selbstsicherheit und Energie ohne Ende

*U*nendlichkeit

In der Unendlichkeit zu verschmelzen – zu schweben, so rein
Das ist mein tiefster Wunsch – insgeheim
Mit all meinen Lieben in Liebe verbunden
Möchte ich im Meer des Nichts und des Alles schwimmen,
alle Schmerzen überwunden

Den Frieden, die Sorglosigkeit, die Ruhe finden
Die Stille, die Einheit, das friedvolle Dasein gründen
Die Seele in der Heimat, im Zuhause wissen
Die vollkommene Seligkeit küssen

Sehne mich nach der Unendlichkeit
Weiß nicht, ist sie nah oder weit
Lass mich tragen im Traum
Überwinden die Zeit und den Raum
Um schon mal ein Stück, einen Moment, zu erhaschen
Und es zu stecken in meine Taschen

Wär so gern für immer dort
Dort – wo mir scheint der wunderschönste **Ort**
An dem ich existieren will und sein
Wo es gibt Wunderschönes im hellen Schein

Muss noch warten, weiß und akzeptier es schon
Aber träumen – träumen darf ich doch wohl davon
Darf mir doch schon mal den Himmel ausmalen
Das Himmelsbild soll mein Herz erstrahlen

*V*ersagen

Alle haben Angst zu versagen
Dieses Gefühl tut an jeder Seele nagen
Von Versagen spricht man, wenn die Erwartungen anders
als die Realität stehen im Raum
Die Frage ist: Muss man nicht eher die Erwartungshaltung abbauen?

Wer nicht erwartet, wird nicht enttäuscht, dem kann kein
Versagen drohen
Im Gegenteil – alles was kommt, ist zum loben
Es kommt alles wie es kommen soll
Die Welt ist bunt – und mit Überraschungen übervoll
Die Kunst ist: Neutral und erwartungslos...
...In den Tag zu gehen – dann ist der Gewinn so, sooo groß

Versagen gibt es nicht – es gibt nur andere Vorstellungen
In des Menschen Gedanken und Auffassungen
Denn – weil etwas anders kommt, als erhofft und geplant
Kann man doch nicht von versagen sprechen, das diese
Zeilen mahnt

Drum sprecht nicht von versagen, sprecht davon: Es ist
nun so gekommen
Belegt die Worte positiv – und Ihr habt gewonnen

Mit Neugier und unvoreingenommen
Werdet Ihr sicher weiter kommen

Sonntag

Ein Sonntag ist gerade vorbei und der Alltag begrüßt mich
Auf diesen Gruß könnte ich gerne verzichten – verzieh dich
Will doch lieber noch schwelgen, genießen und ausruhn
Was gibt es denn schon wieder – und überhaupt – zu tun

Mag dich nicht du Alltag, du Arbeit, du Hast
Bist oft so garstig, dass du mir Angst schon mal machst
Wie schön wär es, noch einen weiteren Sonntag zu genießen
Doch – schon tut der Montag den Tag vermiesen

Es muss halt sein, so heißt es, es muss
Ach Sonntag gib du mir lieber noch einen Kuss
So hetzt man von Montag, Dienstag, Mittwoch in die Tage
Und stellt jeden davon – nicht nur den Montag – in Frage

Donnerstag geht es schon besser, denn morgen ist doch Freitag
Der Tag – üblicherweise – nach dem man dann wieder frei hat
Himmelhochjauchzend geht man dann ins Wochenende und freut
sich riesig auf den Sonntag
Und vergisst dabei ganz, dass der auch nur 24 Stunden hat
Dann geht das Ganze von vorne wieder los
Damit man wieder verdient für Sonntag das „Moos"

Doch bei all dem ollen Trott und Stress
Ich oft eines doch vergess
Wenn alle Tage Sonntag wär
Gäb es für seine Außergewöhnlichkeit keine Gewähr
Dann wär er Gewohnheit und ganz normal
So ist er etwas Besonderes – und nicht egal

Nur für Dich und wegen Dir

Nur für Dich und wegen Dir
Öffnest Du Dir selbst die Tür

Für Dich selbst gibst Du Dir Mühe
Für Dich selbst stehst Du auf in der Frühe

Du bist der Mensch, der zuerst **Dir** Gutes tun muss
Und das ist wirklich kein Stuss

Nur wer sich selber kann Liebe geben
Kann ernten die dicksten Reben

Wer sich auch um sich selber kümmert
Der einen guten Grundstock gründet

Die Liebe und ein gesundes Selbstwertgefühl für sich selber
Macht den Menschen auch für andere zum richtigen Helfer

Schau nach Dir, lass Dich selber nicht verhungern,
gib Dir Nahrung
Das ist eine wichtige und große Erfahrung

*D*ie Lehrer sind Schüler...

Die Lehrer sind Schüler und die Schüler sind Lehrer
So war es, so ist es, so wird es immer sein – von je her

Jeder kann von Jedem lernen und Jeder kann Jeden lehren
Dazu müsst Ihr Euch mal bekehren

Jeder Reiche kann von Armen den Wohlstand begreifen
Jeder Arme kann von Reichen die Demut preisen

Jeder Kleine kann von Großen die Kleinigkeiten ersehen
Jeder Große kann von Kleinen die Größe erleben

Jeder Starke kann von Schwachen die Kräfte erfühlen
Jeder Schwache kann von Starken die Zartheit erspüren

Jeder Kranke kann von Gesunden das Leid ersinnen
Jeder Gesunde kann von Kranken Energie und neuen Mut gewinnen

Öffnet die Augen, die Ohren, die Herzen, die Seele, den Geist
Jeder kann von Jedem lernen und studieren – auf das dieses
Gedicht verweist

Regen im Leben

Schön, wenn die Sonne scheint
Wundervoll, wenn die Sonne und das Licht den Tag erhellen
Aufbauend, wenn man spazieren gehen und sich der Natur
erfreuen kann

Heute regnet es, der Himmel ist dunkel, der Tag ist grau
Düster die Stimmung, das Gemüt

Genauso ist es im Leben
Es wird mal die Sonne, mal Regen geben
Die Natur und das Leben kann sich erst entfalten, wenn
beides existiert
Nichts kann wachsen, wenn nach der Sonne nicht auch
Regen folgt

Im Leben lernt man die Sonne meist erst schätzen,
wenn Wolken aufgezogen sind und der Himmel weint

Aber Regen reinigt und erzeugt Wachstum
Man muss nur erkennen, dass im Regen die Aussicht dazu ruht
Drum bedenke, wenn es in Deinem Leben regnet – der Regen gehört
dazu!

Trübsal, Misserfolge, Kritik, Kränkung, Leid, Krankheit, Unheil,
Unglück, Tod, Trauer... – sind unser Regen im Leben

Gib Dir und Deinem Regen im Leben, die Chance Wachstum
zu entwickeln!

*M*anchmal

Manchmal – manchmal da lebt man einfach nur hin
Man fragt sich ständig, was hat das alles für einen Sinn
Tag für Tag, Nacht für Nacht quält man sich durch
Das Leben ist voller Hast, Arbeit, Last und Furcht

Man funktioniert nur noch, es ist alles gleich
Man fühlt sich fast ertrinkend in einem riesigen Teich
Der Gedanke zu fliehen – weg – von dem Unwohlen ist oft da
So oft man sich schon in Gedanken davonlaufen sah

Das Leben schickt Prüfungen, die zu bestehen
Ist sicher nicht einfach und meist will man nicht sehen
Dass sie zu lösen, zu tragen, zu kämpfen, zu meistern es geht
Es braucht seine Zeit, bis man das versteht

Probleme, Missstände, das in Deinen Augen verkehrte Leben
Fordert Dich auf, Dich zu bewegen
Zu bewegen, erleben, bekämpfen, erlösen, erklären, entwirren,
auflösen, aufklären, heilen – das ist die Aufgabe die sich stellt
So schwer es auch scheint auf dieser Welt

Tapfer voran und nicht weg zu rennen
Das ist der Deal, du wirst es erkennen
Kämpfe, gehe mit gutem Vorsatz vorweg
Erspüre es, fühle die Bedeutung und den Zweck

Erlösen – erlösen kannst Du Dich nur selbst in Deinem Plan
Du selbst bist das führende Organ
Auch wenn unlösbar es manchmal scheint
Mut, Idee, Konsequenz, Regeln, Durchhaltevermögen,
Beharrlichkeit – sind Freund, nicht Feind

Löse die Situation, befreie Dich
Sehe die Möglichkeiten, mach den ersten klärenden Spatenstich
Ergreife die Chance zu lockern, zu verändern
Wandle Worte und Taten, mache sie zu heilenden Sendern

Auch wenn Du denkst, es ist längst alles kaputt
Traue Dich – habe den Mut!

S*tetig*

Stetig webst Du an Deinem Netz
Stetig bist Du mit Deinem Lebensplan gepaart – das ist kein Geschwätz
Faden für Faden, Stein für Stein, Wabe für Wabe, Masche für Masche
strickst Du an Deinem Werk
Mal geht`s sich`s leichter, mal über `nen Berg

Schwer manchmal, den Faden nicht zu verlieren
Das Vertrauen und die Geduld zu bewahren – und zu fokussieren
Das Augenmerk auf das Wichtige zu bringen
Mit Inbrunst und Liebe darin zu versinken

Um Mosaik für Mosaik zusammen zu tragen
Um weiter am großen Ganzen zu wirken, ohne zu klagen
Sich tapfer den Aufgaben und Möglichkeiten stellen
In und mit dem Leben sich voranzubringen, sich zu erhellen

Webe fleißig weiter an Deinem Lebensteppich
Geduld und Ausdauer braucht es – bis er ist fertig

*M*ach Dich auch mal leer

Mach Dich auch mal leer
Oft ist es allzu schwer
Des Alltags Trubel zu entkommen
Alles ist grau und verschwommen
Die Hektik, die Beschallung, die Vereinnahmung von allen Seiten
Die sich im Geist, im Verstand, in Gedanken verbreiten
Lassen Dich oft das eigene Denken nicht mehr hören
Überdecken die eigenen Wünsche – es ist zum empören
Vom Wirr-Warr der Umwelt, des Umfelds, der Medien, zugedröhnt
Weiß man oft nicht mehr, wie man sich selbst verwöhnt

Mach Dich auch mal leer
Gönne Dir ein Ruhe-Meer
Geh in die Stille, kehr in Dich zurück
Auch wenn sich das anhört verrückt
In der Ruhe findest Du Frieden, da fühlst Du Dich selber wieder
Dort hörst Du bekannte Gesänge und Lieder

Mach Dich auch mal leer
Nimm Dir die Zeit, halte tief drinnen Einkehr
Im Einklang mit Dir bereicherst Du Dich selber
Es ist wie ein Spaziergang durch wunderschöne Wälder
Tanke bei Dir selber Freiheit und Energie
Das ist eine heilsame Magie

Überleben, leben, erleben

Tief – tief in mir – durch und aus mir
Fühle ich den Weg, die Richtung

Ich höre jetzt auf meine eigene Stimme
Ja ich –
Ich selbst habe das gesagt
Es ist mein gewolltes Wort
Meine gewollte Tat
Mein gewolltes Leben

Ich fühle jetzt, was und wer mir gut tut...
...und entscheide und handle danach

Ja ich –
Ich bin für meine Schritte
Für mein Verhalten
Für meine Liebe zu mir und zu Anderen selbst verantwortlich

Mein Leben ist so viel reicher...
...seit ich mich selber lebe

Ich will nicht mehr nur überleben
Ich will leben
Nein – sogar erleben!!

Erleben, erfühlen, erspüren...
...ich will nicht nur Zuschauer in meinem Leben sein

Ich will mich und mein Leben erleben!

Suche

So viele sind in ständiger Suche
Suche nach Materiellem
Suche nach Anerkennung
Suche nach Freunden
Suche nach Partnerschaft
Suche nach einem Weg
Suche nach Liebe
Unentwegt wird gesucht und gesucht

Dabei ist so vieles schon da
Mach die Augen auf
Übersieh nicht die schönen und wichtigen Dinge

Wenn Du Ausschau nach einer edlen Rose hältst, siehst Du vielleicht
die anderen schönen Blumen nicht mehr
Erweitere Deinen Horizont
Auch ein kleines Buschwindröschen ist schön und kann Dir sooo viel
Freude schenken

Die Gier nach noch Größerem, nach noch Besserem, nach noch Erstre-
benwerterem lässt Dich nie erquicken

Du stillst Deinen Hunger nur, wenn Du lernst Dich auch über ein
Buschwindröschen zu erfreuen

Zeit vergeht...

Schon wieder ist ein Tag so schnell vergangen
Ein Tag, an dem ich gefühlt gar nichts angefangen
Kaum erblickte der Tag die Welt
Ist er auch schon wieder vergangen und der Mond schon
die Nacht erhellt

Die Zeit rennt und rennt und rennt durchs Leben
Man möchte doch intensiver existieren, nicht an Gewohntem kleben
Ich drehe mich im `Kreislauf des Alltags` – so man sich selber sagt
Kaum einer dem Hamsterrad zu entziehen sich wagt
Man geht zur Arbeit, macht anscheinend Nötiges, funktioniert bloß
Doch oft steckt die Bedrückung, das Gezwungene, das sich selbst
Auferlegte, im Hals wie ein großer Kloß
Man möchte entrinnen, laut sagen: Stopp, Nein, halt!
Und meint auch noch, man hätte es nicht allein in der Gewalt

Es ist so schwer dem Üblichen, dem von vielen Vorgelebten,
zu entkommen
Kaum hat man den Gedanken gefasst, ist er auch schon wieder
verschwommen
Und so geht und geht der Tag, die Woche, das Jahr, das Leben,
die Zeit
Der Gedanke etwas zu verändern ist mal nah, mal weit

Wer schafft es die Zeit selbst zu gestalten?
Wer hat die Macht sie wirklich anzuhalten?
Wer lebt bewusst – wer genießt – wer fühlt das Leben, den Tag?
Wer funktioniert nicht nur, sondern agiert – in der Tat?
Wer möchte nicht irgendwann sagen:
Ich habe so intensiv gelebt in den vergangenen Jahren und Tagen
Hab die Minuten, Stunden – das Leben – in mir aufgesaugt
Es genutzt für mich – und in mir verstaut

*W*illst Du es wagen...

Willst Du es wagen
Nie zu verzagen
Dir immer zu sagen:

Will das Beste machen und es tragen
Will die Zweifel nicht lassen nagen
Will nicht ständig nachfragen
Will die Bedenken begraben
Will nur mein Herz befragen
Will der Unsicherheit entsagen

Will vertrauen
Will darauf aufbauen
Will nach vorne schauen
Will die Liebe als Begleitschutz fest vertauen
Will mein individuelles Leben brauen
Will lassen den Wind der Demut aufflauen
Will sehen die schönen Auen
Will schon mutig sein im Morgengrauen
Will mich dem Universum ewiglich anvertrauen

Gewitter

Heute hatten wir ein Gewitter. Von Ferne hörte man schon das Grollen
und die Blitze machten die Nacht für Momente taghell.
Obwohl alles zu erklären ist: Der Donner – da prallen warme und kalte
Luftschichten zusammen. Die Blitze, wie entstehen nochmals die
Blitze – ach ja – aber trotzdem: Jedes Mal ist so ein Gewitter wieder
atemberaubend, interessant, mystisch, gewaltig – eine fast unbegreifli-
che Naturgewalt.
Naturgewalten, die wieder mal zu verstehen geben, dass nichts kontrol-
lierbar in ihren Händen ist. Die Natur – die Elemente Wasser, Luft,
Feuer und Erde – zeigen uns immer wieder ihre Macht, ihre Schönheit,
ihre Vollkommenheit, ihre Unberechenbarkeit.
Gerne möchte ich draußen stehn. Dem Gewitter, den Blitzen zusehn.
Den Donner hören. Den wechselnden Wind riechen. Den nassen Regen
in meiner Hand auffangen – Regentropfen trinken und schmecken, das
Wasser auf meiner Haut ertasten. Die spannende Energie, die Macht
des Gewitters, spüren und fühlen.

Die Sinne sind alle dabei. Kann der siebte Sinn sich auch einbringen?
Was kann mein Geist wahrnehmen?
Eine große Naturgewalt, was sagt sie uns?
`Habt Acht, Habt Acht. Seid nicht übermütig, vergesst nicht, Euch in
Demut zu üben.
Ihr seid ein Sandkorn – ein Mü – und noch kleiner im Gefüge der Zeit.
Übt Euch in Bescheidenheit. Gebt was Ihr zu geben habt, helft wo Ihr
helfen könnt. Bringt Euch ein in den Kreislauf des Lebens. Wirkt mit am
großen Ganzen. Tragt bei zur Vervollkommnung. Seid ehrfürchtig, aber
nicht eingeschüchtert. Tragt Euren Teil bei und lasst es wachsen, gedei-
hen, formen, sein.
Das Ganze ist wichtig – und Ihr seid ein wichtiger Teil vom Ganzen.
Erfüllt Euren Part und Ihr seid erfüllt – dürft Euch sonnen im Großen,
im Allen, im Ganzen – im Unendlichen`.

Die Liebe überlebt...

Die Liebe überlebt
Die wahre Liebe ist unvergänglich
Nichts kann sie zerstören, nichts kann sie vergessen machen
Die aufrichtige und echte Liebe überwindet alle Grenzen
Liebe ist raum- und zeitübergreifend
Selbst, wenn alles andere stirbt – tiefe und ehrliche Liebe überlebt,
die Liebe überlebt

Die Liebe überlebt
Auch wenn der Mensch und sein Fleisch zu Asche und Erde wird
Die Liebe in der Seele überlebt – ewiglich
Sie ist immer in Aller Erinnerung
Sie ist verankert für allezeit
Festgehalten in Gedanken, in Momenten, in Worten, in Werken,
die Liebe überlebt

Die Liebe überlebt
Wisse das und sei getröstet
Die andauernde Schöpfung erblüht in der Sonne der Liebe
Das Licht der Liebe – verankert in jeder Seele – dauert für immer an
Diese Liebe ist der Schatz, der immer in uns geborgen bleibt
Unabhängig von Allem, existiert sie unendlich und allzeit,
die Liebe überlebt

Die Liebe überlebt
Erkenne das ewige Leben der Liebe
Sie bleibt für immer
Die Liebe ist das Einzige was man mitbringt
Die Liebe ist das Einzige was man mitnimmt,
die Liebe überlebt

Die Liebe ist unsterblich!

*I*nput gleich Output...

Das was Du in Dich, in Deine Gedanken, in Deine Gefühle,
in Dein Sein herein lässt
Spuckt das Deine – Dein Du, Dein Wesen – auch wieder heraus

Achte auf Deinen Input – achte auf das was Du tust, was Du anschaust,
was Du anhörst – achte auf alles was Du Dir "zuführst"
Das was Du pflanzt, wächst auch!
Wenn Du Blumen sähst, wirst Du Blumen ernten
Wenn Du Unkraut sähst, wächst dieses

Achte auf das was Du nährst, auf das was Du zulässt, auf das
was Du in Dein Leben lässt
Der Körper, Dein Geist, Deine Seele spiegelt Eindrücke
Ein gutes Buch, sanfte Musik, die Natur – kann Dir sooo viel
wertvollen Input liefern
Überprüfe Deinen Input, prüfe Deine eingehende Gedankenware

Input gleich Output, es beeinträchtigt Dein Sein
Steuere Deinen Eingang, den Eingang der Sinne
Belege ihn mit dem, was Du auch leben willst

Du kannst nicht schwarz herein lassen und weiß erwarten
Lass Schönes, Erquickendes, Wertvolles in Dich hinein,
an Dich heran
So hat es die größte Chance, auch wieder aus Dir heraus
zu strahlen

Das A B C des Lebens?...

*A – **Achtung** Hab Achtung vor jedem Menschen, jedem Lebewesen, jedem Handeln. Zolle dem Leben Respekt.*

*B – **Bewerten** Bewerte nach Deinen eigenen Regeln. Bewerte und handle nach Deiner inneren Weisheit. Stehe zu Deiner Einstellung und lebe nach ihr.*

*C – **Charisma** Das Charisma des Lebens ist die Liebe.*

*D – **Danke** Danke für alles was Du erhältst. Sei Dir bewusst, es wird Dir so viel gegeben in diesem Leben. Sei dankbar und zeige Deine Dankbarkeit. Allein ein neuer Tag ist ein Danke wert. Ein Danke erhellt den Tag, das Leben.*

*E – **Einzigartig** Sei einzigartig. Versuche nicht Andere zu kopieren oder es ihnen recht zu machen. Sei einzigartig. Bleibe Du selbst und lebe Dich.*

*F – **Folge** Folge den Zeichen, den Botschaften. Achte auf die Hinweise, lerne sie zu erkennen, zu hören, zu sehen, zu fühlen und lass sie Deine Wegweiser sein.*

*G – **Gehe** Gehe weiter, bleibe nicht stehen. Entwickle Dich, arbeite an Dir, wachse. Wachse mit Dir und Deinem Tun.*

*H – **Hilfe** Gewähre auch Hilfe, wenn Du darum gebeten wirst und bitte auch um Hilfe, wenn Du welche nötig hast und nimm sie dankbar an, wenn sie Dir geboten wird.*

*I – **Ich** Setze Dein Ich nicht zu hoch. Übe Demut. Lebe mit Demut und Freude und lebe aber trotzdem Dein Ich.*

*J – **Ja*** *Sage Ja zum Leben, Ja zur Liebe, Ja zum Sein.*

*K – **Keiner*** *Keiner ist wie Du, keiner außer Dir kann Dir selbst den Weg weisen. Keiner kann das Leben für Dich leben. Entscheide Du selbst für Dein Leben.*

*L – **Liebe*** *Die Liebe ist alles!*

*M – **Mein*** *Alles gehört zusammen: Das Meine, das Deine, das Unsere!*

*N – **Nein*** *Manchmal muss man auch mal Nein sagen können, oder ein Nein akzeptieren. Auch Dein Nein muss akzeptiert werden.*

*O – **Ohnmacht*** *Sei nicht ohnmächtig im Wirbel des Lebens. Nimm das Leben an. Alles was geschieht hat einen Sinn, auch wenn man es nicht versteht – es hat alles einen Sinn. Oft erkennt man erst nach einiger Zeit, wie man an einer Situation gewachsen ist oder sich verändert hat, oder was für Möglichkeiten aufgeworfen wurden. Annehmen erleichtert das Leben, Ohnmacht blockiert. Überwinde die Ohnmacht!*

*P – **Pause*** *Manchmal ist auch eine Pause nötig. Spüre auch, wenn Du Ruhe und Erholung brauchst.*

*Q – **Quantum*** *Erkenne die Quantums in Deinem Leben. Erkenne wenn Du ein Quantum Liebe erhältst. Erkenne wenn Du ein Quantum Trost spenden solltest. Erkenne wenn das Quantum voll ist. Begreife die Quantums in Deinem Leben.*

*R – **Reue*** *Bereue und entschuldige Dich, wenn Du spürst, Fehler begangen zu haben. Fang dann neu an, bereue nicht ein Leben lang. Streife Sorgen, Nöte, Qualen, Frust, Ärger, Schuldgefühle ab und beginne neu. Mach Dich frei von Belastungen.*

*S – **Schönheit** Nimm die Schönheit wahr und erfreue Dich daran. Erspähe die Schönheit der Natur, des Tages, des Ereignisses, des Lebens. Erkenne die Schönheit, nimm sie in Dir auf und tanke an dem Wundervollen, Dir Wohltuenden. Es kann ein Sonnenstrahl, eine kleine Blume, oder Kinderlachen sein. Bemerke das Schöne und genieße es.*

*T – **Trauer** Auch Trauer ist wichtig im Leben. Wenn Du nicht trauerst, hast Du nicht geliebt. Gib Dir die Zeit für Trauer, aber geh dann Deinen Weg stetig voran.*

*U – **Usus** Tue nicht das, was für Usus gehalten wird. Tue das, was **Du** für richtig hältst. Spüre, suche, fühle, finde, erlebe, sehe, höre, taste, lebe **Dich selbst**.*

*V – **Vorwärts** Vorwärts nicht zurück. Lebe im Heute, im Jetzt. Lass das Vergangene vergangen sein. Schau nach vorne, sei hoffnungsvoll.*

*W – **Wiedererkennung** Erkenne Dich selbst in Deinem Handeln, in Deinem Tun, in Deinem Wesen. Verstell Dich nicht. Sei Du selbst.*

*X – **Xylograf** Sei ein Xylograf – ein Formgeber für Dein Leben. Gib Deinem Leben Deine Form und lass Dich nicht vom Leben formen.*

*Y – **Yard** Sei Deine eigene Maßeinheit. Setze Dir selber das Maß, die Grenzen, die Weiten, die Zeiten, die Räume, die Vorgaben.*

*Z – **Zuversicht** Gehe mit Zuversicht durchs Leben. Sie bringt dich voran, die Zuversicht verleiht dir Flügel.*

*Z*ufriedenheit

Zufriedenheit ist ein so großes Wort
Zufrieden zu sein, immer und immer fort
Zur Zufriedenheit, paart sich das Wort Bescheidenheit
Gemeinsam geht es erfolgreich durch`s Leben ganz leicht

Lerne Dich zu begnügen
Brauchst nicht jeden Acker zu pflügen
Es gibt so viele Wunder im Leben
Du musst sie nur erkennen und sehen

Es muss nicht noch größer, noch höher, noch erstrebenswerter sein
Das Glück erlangt man auch klein
Ist es nicht schön, sich an der Natur zu erfreuen
Zu schauen in die lachenden Kinderaugen, die treuen

Zufriedenheit kann man erlernen
Greife doch nach diesen Sternen
Selig wenn Du zufrieden
Zufrieden hast Du Frieden

Übst Du, lebst Du, die Zufriedenheit
Ist der Lohn Glückseligkeit
Zufriedenheit ist eine Zier
Und weiter kommst Du auch mit ihr

Sei genügsam und lebe die Zufriedenheit mit Mut
Erlange es satt zu sein, sage einfach mal: `Es geht mir gut`
Denn ein Leben in Zufriedenheit
Schafft große und wirkliche Freiheit!

Ein Leben lang

Ein Leben lang, werden wir begleitet
Ein Leben lang, werden wir an der Hand geführt

Ein Leben lang, hast Du Schutz
Ein Leben lang, wird Dir zur Seite gestanden

Verzage nicht in schweren Momenten
Höre in Dich hinein, höre das leise Flüstern der Stimmen
und finde den Weg

Immer und überall sind sie Dir nah
Auch wenn sie bisher noch kaum einer sah

Ein kleine Bitte…>>>>>>>>

Eine Bitte an meine Leser

Jeder hat seine eigenen "Botschaften" und Wegweiser,
die ihn durch das Leben begleiten und führen.
Man muss nur lernen sie zu empfinden, sie zu spüren.

Vielleicht muss man auch nur wieder daran erinnert
werden. Nutzt Eure Sinne...
Manchmal hört und liest man auch nur ein paar Worte
und weiß, `ja - das spricht mir aus dem Herzen`!

Fühlt auch Eure eigenen Botschaften!
Lasst Euer Herz sprechen!

Jeany de Marco

Fortsetzung folgt...

Jeany.demarco@gmail.com

Zeitfracht Medien GmbH
Ferdinand-Jühlke-Straße 7
99095 Erfurt, Deutschland
produktsicherheit@kolibri360.de